Impressum
Verlag: BABADADA GmbH, Nedderfeld 112 , 22529 Hamburg
Geschäftsführer / Verlagsleitung: Harald Hof
Druck: Books on Demand GmbH, In de Tarpen 42, 22848 Norderstedt

Imprint
Publisher: BABADADA GmbH, Nedderfeld 112 , 22529 Hamburg, Germany
Managing Director / Publishing direction: Harald Hof
Print: Books on Demand GmbH, In de Tarpen 42, 22848 Norderstedt, Germany

okul

ትምህርት ቤት

sınıf
መማሪያ ክፍል
böl
ማካፈል
186/2
tahta
ሰሌዳ
okul bahçesi
የትምህርት ቤት ቅጥር ግቢ
öğretmen
መምህር
kağıt
ወረቀት
yazmak
መፃፍ
kalem
እስክሪብቶ
masa
መማሪያ ጠረጴዛ
cetvel
ማስመሪያ
kitap
መጽሐፍ
öğrenci
ተማሪ

okul çantası

የጀርባ ቦርሳ

kalemlik

የእርሳስ መያዣ

kurşun kalem

እርሳስ

kalem açacağı

የእርሳስ መቅረጫ

silgi

ላጲስ

çizim defteri

የስዕል ደብተር

çizim

ስዕል

resim fırçası

የቀለም ብሩሽ

boya kutusu

የቀለም ሳጥን

makas

መቀስ

tutkal

ማጣበቂያ

alıştırma kitabı

መልመጃ ደብተር

ödev

የቤት ስራ

sayı

ቁጥር

ekle

መደመር

çıkar

መቀነስ

çarp

ማባዛት

hesapla

ቁጥሮችን ማስላት

harf

ደብዳቤ

alfabe

ፊደላት

kelime

ቃል

metin

ፅሑፍ

okumak

ማንበብ

tebeşir

ጠመኔ

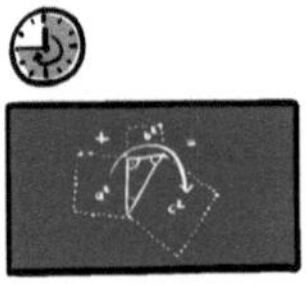

ders

ትምህርት

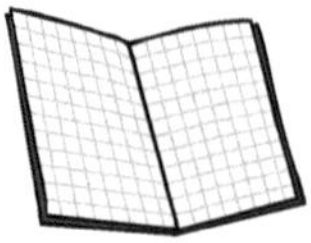

kayıt

ምዝገባ

sınav

ፈተና

sertifika

ሰርተፊኬት

okul forması

የትምህርት ቤት የደንብ ልብስ

eğitim

ትምህርት

ansiklopedi

አዉደ ጥበብ

üniversite

ዩኒቨርስቲ

mikroskop

የምርምር አጉሊ መሳርያ

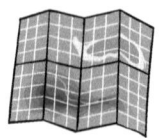

harita

ካርታ

kağıt çöp kutusu

የቆሻሻ ወረቀት መጣያ ቅርጫት

otel
ሆቴል
Grand
pansiyon
ማረፊያ ቤት
döviz bürosu
የዉጭ ገንዘብ ምንዛሪ ቢሮ
bavul
ልብስ መያዣ ሻንጣ
otomobil
መኪና

dil
ቋንቋ

evet / hayır
አዎ/ አይደለም

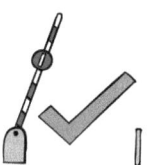

Tamam
እሺ

merhaba
ሰላም

çevirmen
አስተርጓሚ

Teşekkür ederim
አመሰግናለሁ

bu … ne kadar?

ስንት ነዉ.......?

anlamadım

አልገባኝም

problem

እክል

İyi akşamlar!

እንደምን አመሹ!

Günaydın!

እንደምን አደሩ!

İyi geceler!

መልካም ምሽት!

güle güle

ደህና ይሰንብቱ

yön

አቅጣጫ

bagaj

ሻንጣ

çanta

ቦርሳ

sırt çantası

የጀርባ ቦርሳ

misafir

እንግዳ

oda

ክፍል

uyku tulumu

የመተኛ ቦርሳ

çadır

ድንኳን

turist danışma

....

የጎብኚዎች መረጃ

sahil

....

የባህር ዳርቻ

kredi kartı

....

ክሬዲት ካርድ

kahvaltı

....

ቁርስ

öğle yemeği

....

ምሳ

akşam yemeği

....

እራት

Bilet

....

ቲኬት

asansör

....

አሳንሰር

pul

....

ማህተም

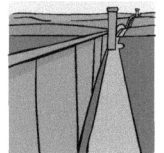

sınır

....

ድንበር

gümrük

....

ባህሎች

elçilik

....

ኤምባሲ

vize

....

ቪዛ/የይለፍ ወረቀት

pasaport

....

ፓስፖርት

ulaşım

መጓጓዣ

uçak
አዉሮፕላን
gemi
መርከብ
yangın söndürme pompası
የእሳት አደጋ መኪና
otobüs
አዉቶብስ
kamyon
የጭነት መኪና
motorlu tekne
የሞተር ጀልባ
bisiklet
ብስክሌት
otomobil
መኪና

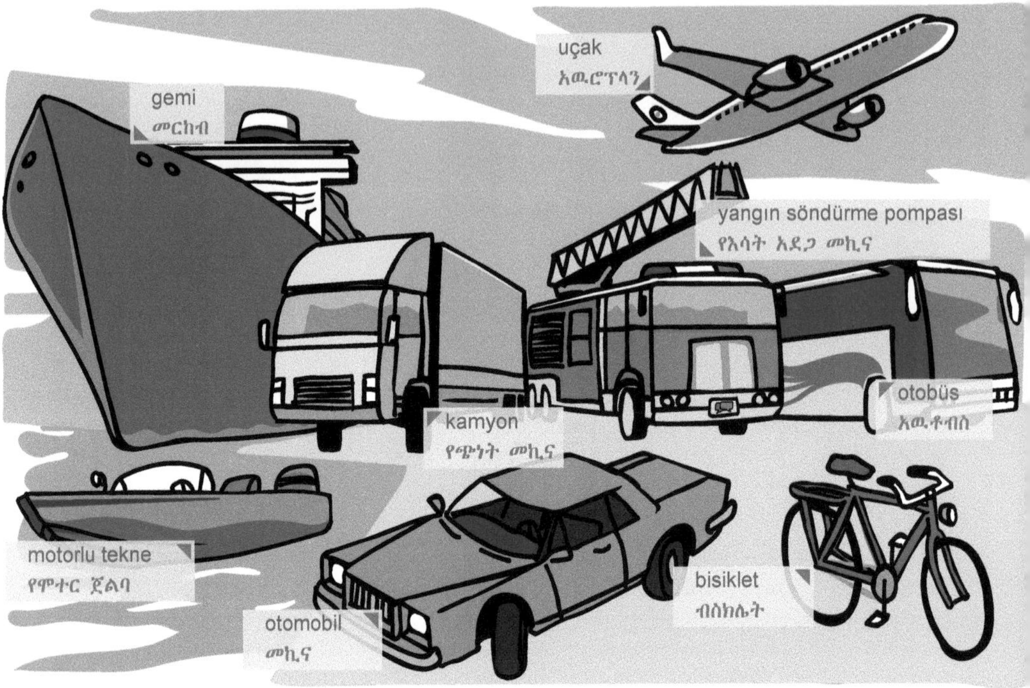

feribot

የማመላለሻ ጀልባ

bot

ጀልባ

motosiklet

የሞተር ብስክሌት

polis arabası

የፖሊስ መኪና

yarış arabası

የዉድድር መኪና

kiralık araba

የኪራይ መኪና

ortak araba

የመኪና መጋራት

çekici

ጎታች መኪና

çöp kamyonu

የቆሻሻ ጭነት መኪና

motor

ሞተር

yakıt

ነዳጅ

benzinlik

የቤንዚን ማደያ

trafik işareti

የመንገድ ምልክት

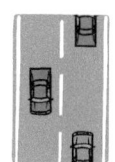

trafik

የመኪኖች እንቅስቃሴ

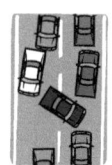

trafik sıkışıklığı

የመኪና መጨናነቅ

otopark

የመኪና ማቆሚያ

tren istasyonu

የባቡር ጣቢያ

ray

የባቡር ሀዲዶች

tren

ባቡር

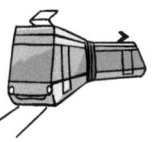

tramvay

የኤሌክትሪክ ባቡር

vagon

ሰረገላ

helikopter

ሄሊኮፕተር

havaalanı

አየር ማረፊያ

kule

ማማ

yolcu

መንገደኛ

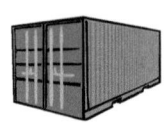

konteyner

ማስቀመጫ፣ ማጠራቀሚያ

koli

ካርቶን እቃ ማሸጊያ

yük arabası

ጋሪ፣ ተሳቢ

sepet

ቅርጫት

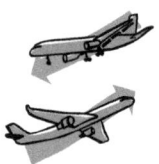

kalkış / iniş

መነሳት/ ማረፍ

şehir

ከተማ

köy

መንደር

şehir merkezi

የከተማ ማዕከል

ev

ቤት

sinema
ሲኒማ

reklam
ማስታወቂያ

sokak lambası
የመንገድ ዳር
መብራት

sokak
መንገድ

taksi
ታክሲ

büfe
የቁርስ መቆያ ሱቅ

yaya yolu
እግረኛ

kaldırım
ድንጋይ የተነጠፈበት የእግረኛ
መንገድ

yaya geçidi
የእግረኛ መሻገሪያ

çöp kutusu
የቆሻሻ
ማጠራቀሚያ

kavşak
ማቋረጫ

trafik ışığı
የትራፊክ
መብራቶች

kulübe
ጎጆ

apartman dairesi
አፓርታማ

tren istasyonu
የባቡር ጣቢያ

belediye binası
የከተማ አዳራሽ

müze
ቤተ መዘክር

okul
ትምህርት ቤት

şehir - ከተማ

üniversite

ዩኒቨርስቲ

banka

ባንክ

hastane

ሆስፒታል

otel

ሆቴል

eczane

መድሐኒት ቤት

ofis

ቢሮ

kitapçı

መፅሐፍ መሸጫ

mağaza

ሱቅ

çiçekçi

የአበባ መሸጫ

süpermarket

የሸቀጣ ሸቀጥ መደብር

market

ገበያ ስፍራ

büyük mağaza

መደብር

balık satıcısı

የዓሳ ነጋዴ

alışveriş merkezi

የገበያ ማዕከል

liman

ወደብ

park

መናፈሻ ቦታ

bank

አግዳሚ ወንበር

köprü

ድልድይ

merdiven

ደረጃዎች

metro

ዉስጥ ለዉስጥ

tünel

ዋሻ

otobüs durağı

የአዉቶቡስ ፌርማታ

bar

ባር

restoran

ምግብ ቤት

posta kutusu

የፖስታ ሳጥን

sokak tabelası

የመንገድ ምልክት

otopark sayacı

የመኪና ማቆሚያ ሒሳብ የሚያሰላ ማሽን

hayvanat bahçesi

የደር እንስሳት ማቆያ

yüzme havuzu

የመዋኛ ገንዳ

cami

መስጊድ

çiftlik

እርሻ

kirlilik

የሚበክል ነገር

mezarlık

መቃብር ስፍራ

kilise

ቤተ ክርስቲያን

oyun alanı

መጫወቻ ሜዳ

tapınak

ቤተ መቅደስ

arazi

መልክዓምድር

yaprak
ቅጠል
yön tabelası
የመንገድ ላይ ምልክት
yol
መንገድ
çayır
አረንጓዴ መስክ
taş
ድንጋይ
ağaç
ዛፍ
yürüyüşçü
በእግሩ የሚጓዝ
ırmak
ወንዝ
çimen
ሳር
çiçek
አበባ

vadi

ሸለቆ

tepe

ኮረብታ

göl

ሀይቅ

orman

ጫካ

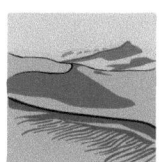

çöl

በረሃ

volkan

እሳተ ገሞራ

kale

ግምብ

gökkuşağı

ቀስተ ዳመና

mantar

እንጉዳይ

palmiye

የቴምብር ዛፍ/ ዘንባባ

sivrisinek

ቢንቢ/ የወባ ትንኝ

sinek

በራሪ

karınca

ጉንዳን

arı

ንብ

örümcek

ሸረሪት

böcek

ጢንዚዛ

kurbağa

እንቁራሪት

sincap

ሽኮኮ

kirpi

ጃርት

yabani tavşan

ጥንቸል

baykuş

ጉጉት ወፍ

kuş

ወፍ

kuğu

የዉሃ ዳክዬ

yaban domuzu

ከርከሮ

geyik

አጋዘን

geyik

አጋዘን

baraj

ግድብ

rüzgar türbini

በነፋስ የሚሽከረከር

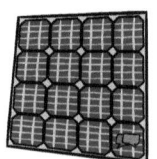

güneş paneli

የፀሀይ ፓኔሎ

iklim

አየር ንብረት

restoran
ምግብ ቤት

garson
አስተናጋጅ
menü
ማዉጫ
sandalye
ወንበር
çorba
ሾርባ
pizza
ፒዛ
çatal - bıçak
መክተፊያ
masa örtüsü
የጠረጴዛ ጨርቅ

başlangıç

የምግብ ፍላጎትን የሚከፍት ምግብ

ana yemek

ዋና ምግብ

tatlı

ማጣጣሚያ ተከታይ ምግብ

içecekler

መጠጦች

yemek

ምግብ

şişe

ጠርሙስ

fastfood

ፈጣን ምግብ

sokak yemeği

የመንገድ ምግብ

çaydanlık

የሻይ ማንቆርቆሪያ

şekerlik

የስኳር እቃ

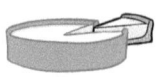

porsiyon

ድርሻ

espresso makinesi

የቡና ማፊያ ማሽን

mama sandalyesi

ባለጌ ወንበር

fatura

የክፍያ ደረሰኝ

tepsi

ትሪ

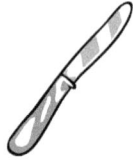

bıçak

ቢላዋ

çatal

ሹካ

kaşık

ማንኪያ

çay kaşığı

የሻይ ማንኪያ

servis peçetesi

ልብስ ምግብ እንዳይነካ የሚረዳ ጨርቅ

bardak

ብርጭቆ

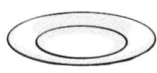

tabak

ዝርግ ሰሀን

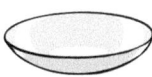

çorba kasesi

የሾርባ ጎድጓዳ ሰሀን

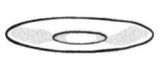

fincan altlığı

የስኒ ማስቀመጫ

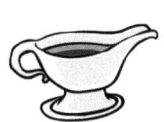

sos

ማጣፈጫ ስጎ

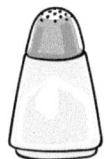

tuzluk

የጨዉ እቃ

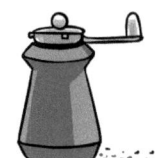

karabiber değirmeni

የተፈጨ ቃሪያ

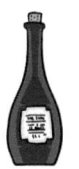

sirke

ኮምጣጤ

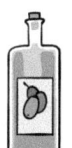

yağ

የምግብ ዘይት

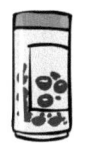

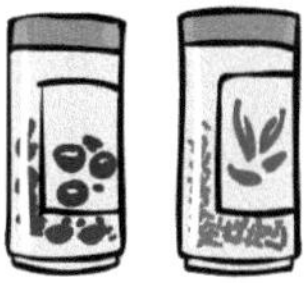

baharat

ቀመማ ቅመሞች

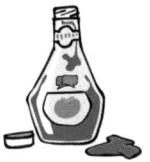

ketçap

የቲማቲም ድልህ

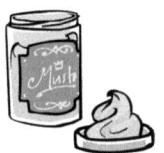

hardal

ሰናፍጭ

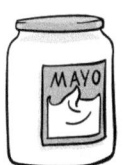

mayonez

ማዮኒዝ

süpermarket
የሸቀጣ ሸቀጥ መደብር

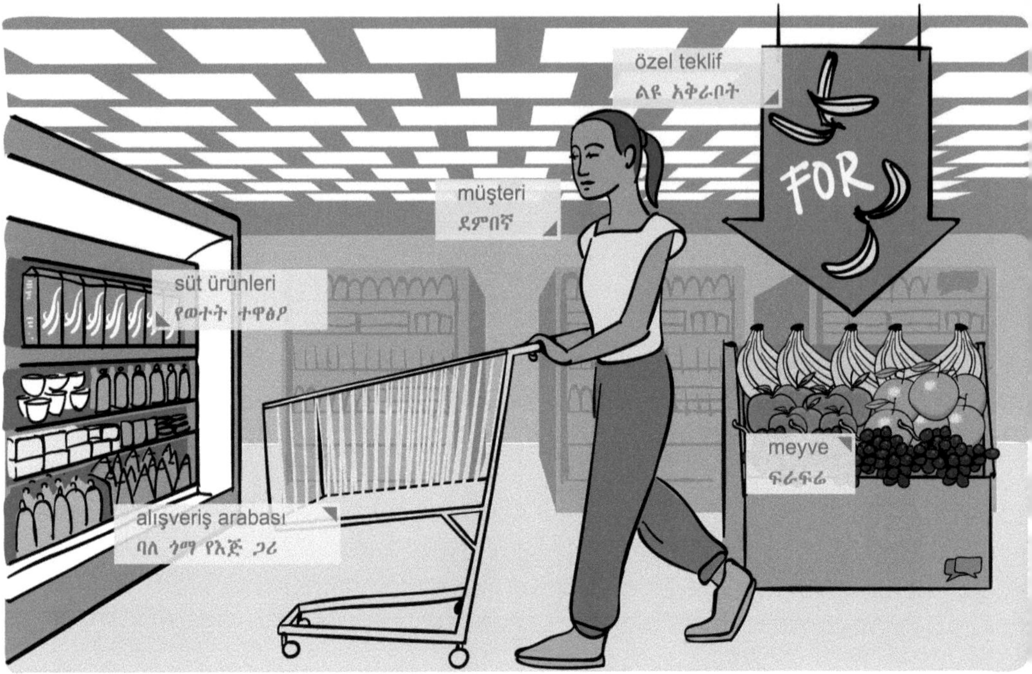
özel teklif
ልዩ አቅራቦት
FOR
müşteri
ደምበኛ
süt ürünleri
የወተት ተዋፅዖ
meyve
ፍራፍሬ
alışveriş arabası
ባለ ጎማ የእጅ ጋሪ

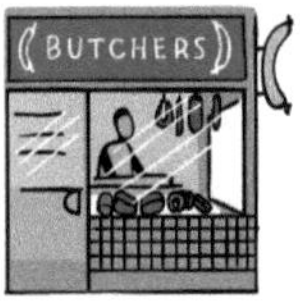
BUTCHERS

kasap

ሉካንዳ ነጋዴ

BAKERY

fırın

መጋገርያ

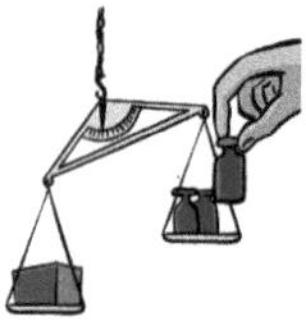

tartmak

ክብደት መመዘን

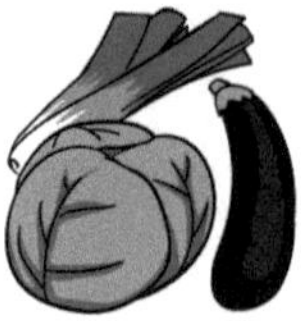

sebze

ቅጠላ ቅጠል አትክልት

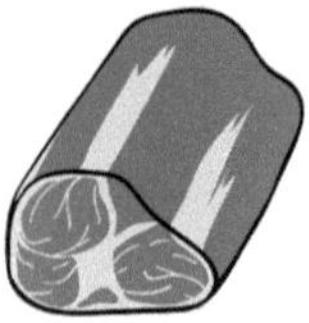

et

ስጋ

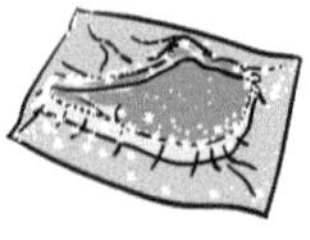

donmuş gıda

የቀዘቀዘ/የረጋ ምግብ

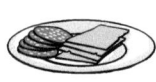

söğüş et

ቀዝቃዛ ቁራጭ

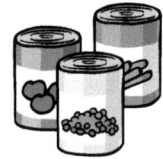

konserve yiyecek

የታሸገ ምግብ

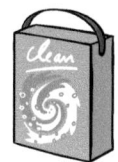

toz deterjan

የማጠቢያ ዱቄት

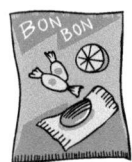

şekerlemeler

ጣፋጮች

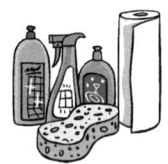

ev temizlik ürünleri

የቤት ዉስጥ ዉጤቶች

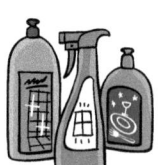

temizlik ürünleri

የፅዳት ምርቶች

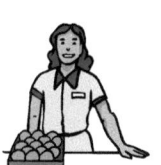

satış görevlisi

የሽያጭ ባለሙያ

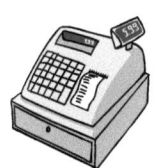

yazar kasa

የገንዘብ መመዝቢያ ማሽን

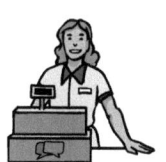

kasiyer

የሒሳብ ሰራተኛ

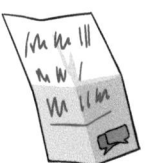

alışveriş listesi

የግዢ ዝርዝር

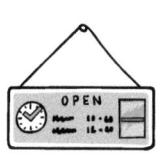

açılış saatleri

ክፍት ሰዓታት

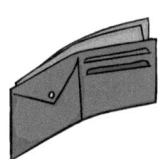

cüzdan

የኪስ ቦርሳ

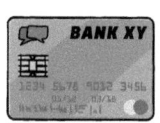

kredi kartı

ክሬዲት ካርድ

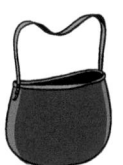

çanta

ቦርሳ

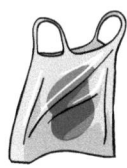

plastik poşet

የፕላስቲክ ቦርሳ

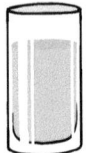

içecekler

መጠጦች

su

ውሃ

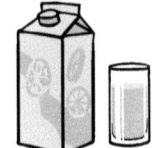

meyve suyu

ጭማቂ

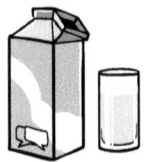

süt

ወተት

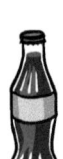

kola

ኮካ-ኮላ

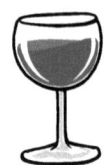

şarap

ወይን

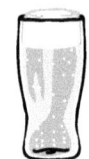

bira

ቢራ

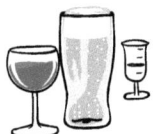

alkol

አልኮል

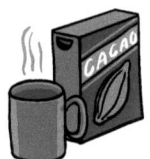

kakao

ኮካ

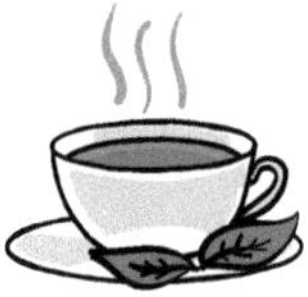

çay

ሻይ

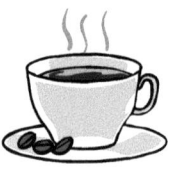

kahve

ቡና

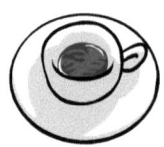

espresso

የተፈላ ቡና

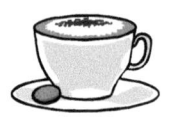

kapuçino

ካፑቺኖ

muz

ሙዝ

elma

ፖም

portakal

ብርቱካን

kavun

ሀብሀብ

limon

ሎሚ

havuç

ካሮት

sarımsak

ነጭ ሽንኩርት

bambu

ሸምበቆ

soğan

ቀይ ሽንኩርት

mantar

እንጉዳይ

çerez

ለዉዝ

makarna

የህፃናት ምግብ

spagetti

ፓስታ

pirinç

ሩዝ

salata

ሰላጣ

cips

የድንች ጥብስ

patates kızartması

ድንች ጥብስ

pizza

ፒዛ

hamburger

ዳቦ ዉስጥ በስሱ ተጠብሶ የገባ ስጋ

sandviç

ሳንድዊች

şinitzel

ጥሬ ስጋ

pastırma

የአሳማ ስጋ

salam

በቅመምና በጨዉ የታሸ ምግብ ቀዝቅዞ የሚበላ ሾርባ ምግብ

sosis

ቋሊማ

tavuk

ዶሮ

rosto

ጥብስ

balık

አሳ

yulaf ezmesi

የአጃ ገንፎ

müsli

ከወተት ጋር ተደባልቀዉ የሚበሉ ምግቦች

mısır gevreği

የበቆሎ ቅርፊት

un

ዱቄት

kruvasan

ኩራሳ

küçük ekmek

ድብልብል ዳቦ

ekmek

ዳቦ

tost

መጥበስ

bisküvi

ብስኩት

tereyağı

ቅቤ

kaymak

እርጎ

kek

ኬክ

yumurta

እንቁላል

sahanda yumurta

እንቁላል ጥብስ

peynir

አይብ

dondurma

የበረዶ ክሬም

şeker

ስኳር

bal

ማር

reçel

ማርማላት

fındık ezmesi

የተናጠ የወተት ክሬም

köri

ማጣፈጫ

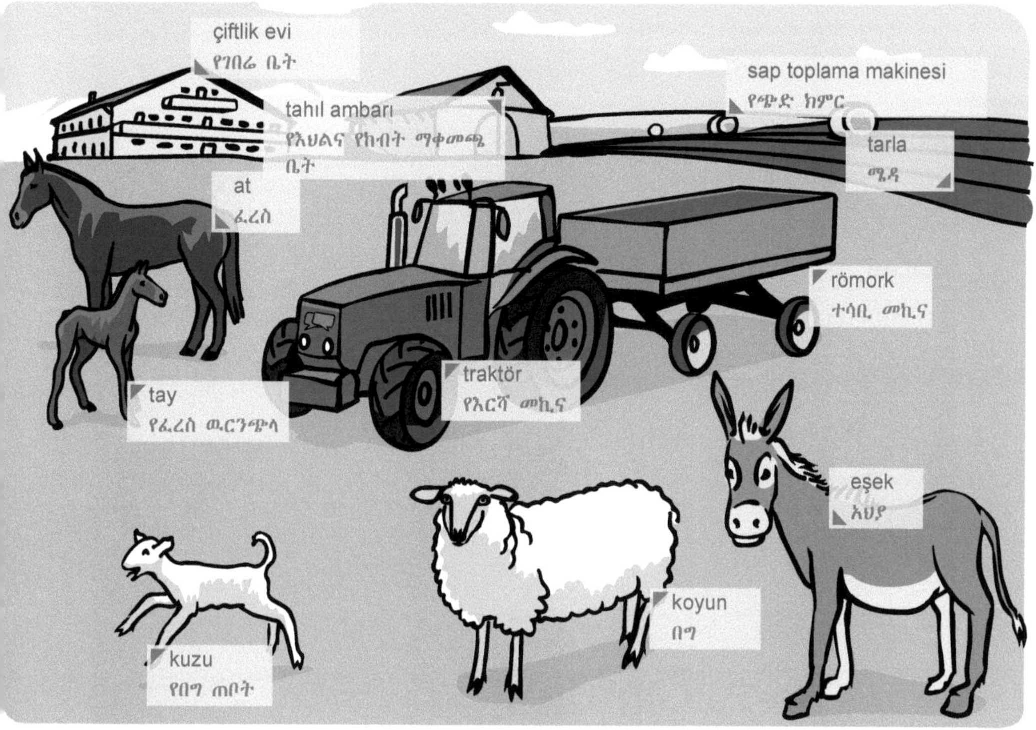

çiftlik evi
የገበሬ ቤት

tahıl ambarı
የእህልና የከብት ማቀመጫ
ቤት

at
ፈረስ

sap toplama makinesi
የጭድ ከምር

tarla
ሜዳ

römork
ተሳቢ መኪና

traktör
የእርሻ መኪና

tay
የፈረስ ዉርንጭላ

eşek
አህያ

koyun
በግ

kuzu
የበግ ጠቦት

keçi

ፍየል

inek

ላም

buzağı

ጥጃ

domuz

አሳማ

domuz yavrusu

ግልገል አሳማ

boğa

ኮርማ

kaz

ዝይ

ördek

ዳክዬ

civciv

የዶሮ ጫጩት

tavuk

ዶሮ

horoz

አውራ ዶሮ

sıçan

አይጥ

kedi

ደድመት

fare

አይጥ

öküz

በሬ

köpek

ውሻ

köpek kulübesi

የውሻ ቤት

bahçe hortumu

የአትክልት ቦታ

sulama kabı

ውሃ ማጠጫ ባልዲ

tırpan

ረጅም ማጭድ

pulluk

ማረሻ

orak

ማጭድ

çapa

መኮትኮቻ

dirgen

የእህል መንሽ

balta

መጥረቢያ

el arabası

ኩርኩር/ የእጅ ጋሪ

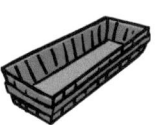

yemlik

ገንዳ

süt kovası

የወተት ዕቃ

çuval

ጆንያ ከረጢት

çit

አጥር

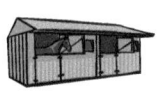

ahır

የፈረስ ጋጣ

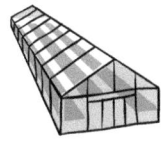

sera

ዕፅዋት ማሳደጊያ የመስታዉት
ቤት

toprak

አፈር

tohum

ዘር

gübre

የመሬት ማዳበሪያ

biçerdöver

ጥምር ማረሻ

hasat etmek

አዝመራ መሰብሰብ

harman

አዝመራ

tatlı patates

ድንች

buğday

ስንዴ

soya

ሶያ

patates

ድንች

mısır

በቆሎ

kolza

የከብት መኖ

meyve ağacı

የፍሬ ዛፍ

manyok

የካሳቫ ዛፍ

hububat

እህል

baca
የጢስ
ማውጫ

çatı
ጣራ

yağmur oluğu
አሻንዳ

pencere
መስኮት

garaj
ጋራዥ

kapı zili
የበር ደወል

kapı
በር

çöp kutusu
የቀቆሻሻ
ማጠራቀሚያ

posta kutusu
ፖስታ ሳጥን

bahçe
የአትክልት ቦታ

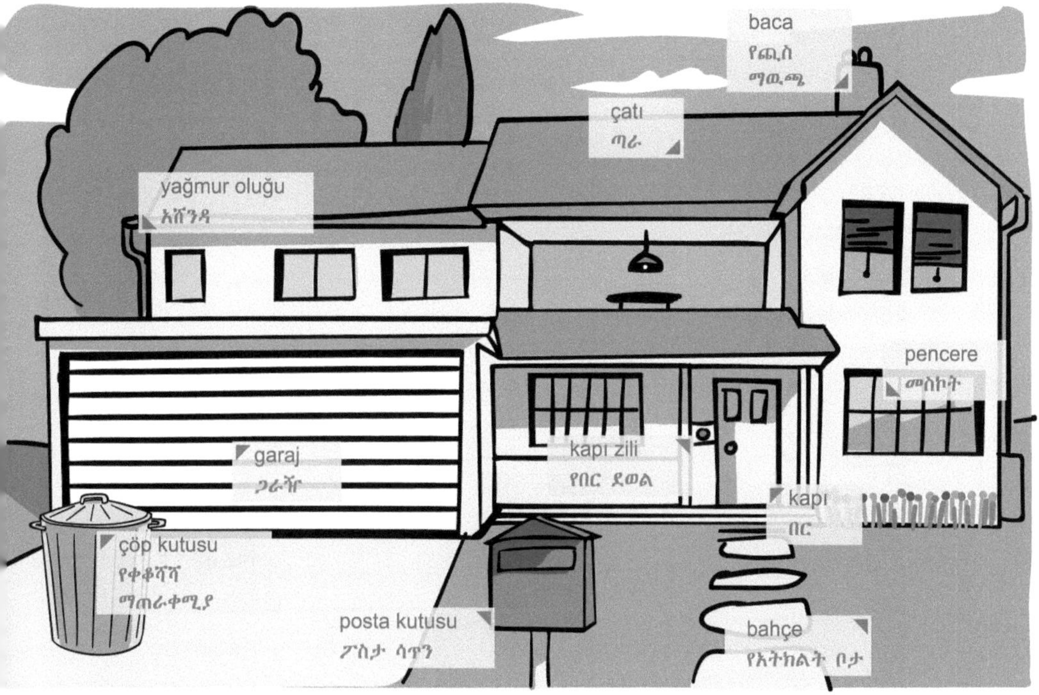

oturma odası

ሳሎን

banyo

መታጠቢያ ቤት

mutfak

ማድቤት

yatak odası

መኝታ ቤት

çocuk odası

የልጅ ክፍል

yemek odası

መመገቢያ ክፍል

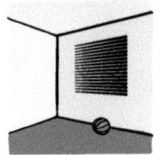

zemin

ወለል

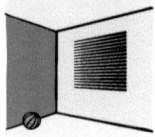

duvar

ግድግዳ

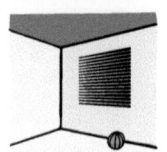

tavan

ጣሪያ

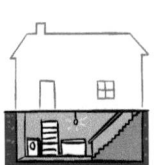

kiler

ምድር ቤት

sauna

በእንፋሎት ሙቀት መታጠቢያ ቤት

balkon

ሰገነት

teras

ከፍ ያለ መደብ

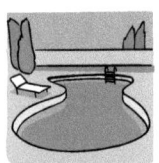

havuz

የመዋኛ ገንዳ

çim biçme makinesi

የማጨጃ መኪና

çarşaf

አንሶላ

yatak örtüsü

የአልጋ ልብስ

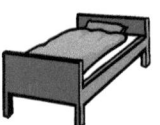

yatak

አልጋ

süpürge

መጥረጊያ

kova

ባልዲ

anahtar

ማብሪያና ማጥፊያ

oturma odası

ሳሎን

duvar kağıdı
የግድግዳ ወረቀት
resim
ፎቶ
lamba
መብራት
raf
መደርደሪያ
dolap
ቁም ሳጥን፤ ካቢኔ
televizyon
şömine
የእሳት መሞቂያ
çiçek
አበባ
minder
ትራስ
kanepe
ሶፋ
vazo
የአበባ ማስቀመጫ
uzaktan kumanda
ሪሞት ኮንትሮል

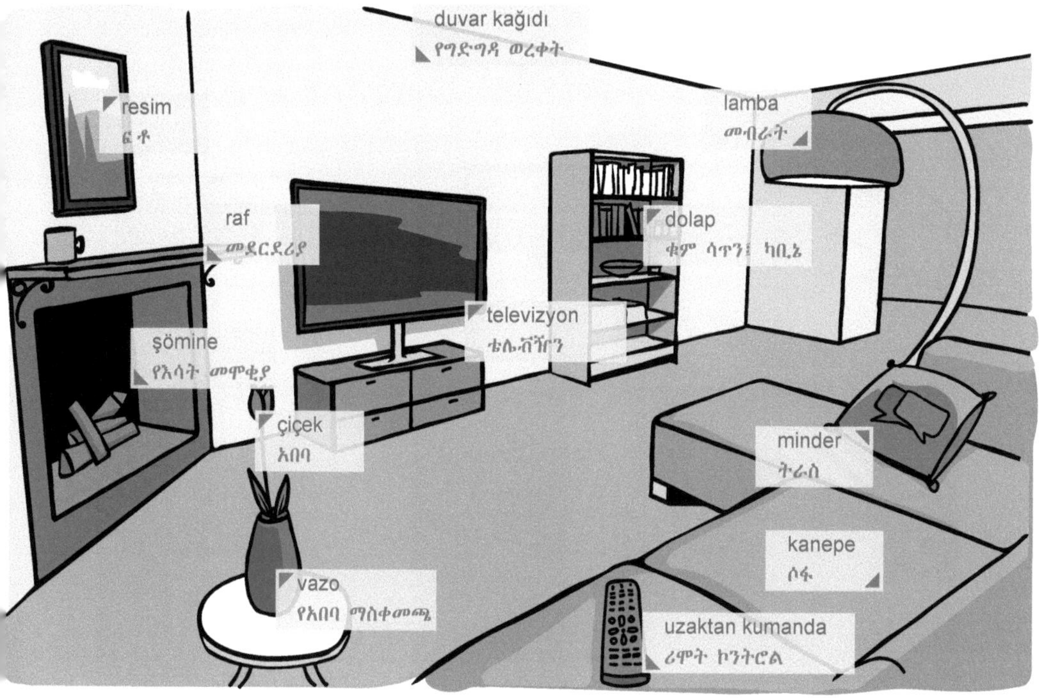

halı

ንጣፍ

perde

መጋረጃ

masa

ጠረጴዛ

sandalye

ወንበር

salıncaklı koltuk

ተወዛዋዥ ወንበር

koltuk

ባለመደገፊያ ወንበር

kitap
....
መጽሐፍ

battaniye
....
ብርድ ልብስ

dekor
....
ጌጥ

odun
....
ማገዶ

film
....
ፊልም

hi-fi
....
የሙዚቃ መማጫወቻ

anahtar
....
ቁልፍ

gazete
....
ጋዜጣ

tablo
....
ስዕል

poster
....
የተለጠፈ ማስታወቂያ እንደ ስዕል

radyo
....
ራዲዮ

defter
....
ማስታወሻ ደብተር

elektrikli süpürge
....
የአየር ማፅጃ ለምንጣፍ

kaktüs
....
ቁልቋል

mum
....
ሻማ

mutfak

ማድቤት

buzdolabı
ማቀዝቀዣ
mikrodalga fırın
ማይክሮዌቭ ምግብ
ማብሰያ
የኩሽና መመዘኛ ሚዛን
tost makinesi
ዳቦ መጥበሻ
deterjan
ንፁህ ማድረጊያ
fırın
ምድጃ
buzluk
ማቀዝቀዣ
çöp kutusu
የቆሻሻ
ማጠራቀሚያ
bulaşık makinesi
እቃ ማጠቢያ

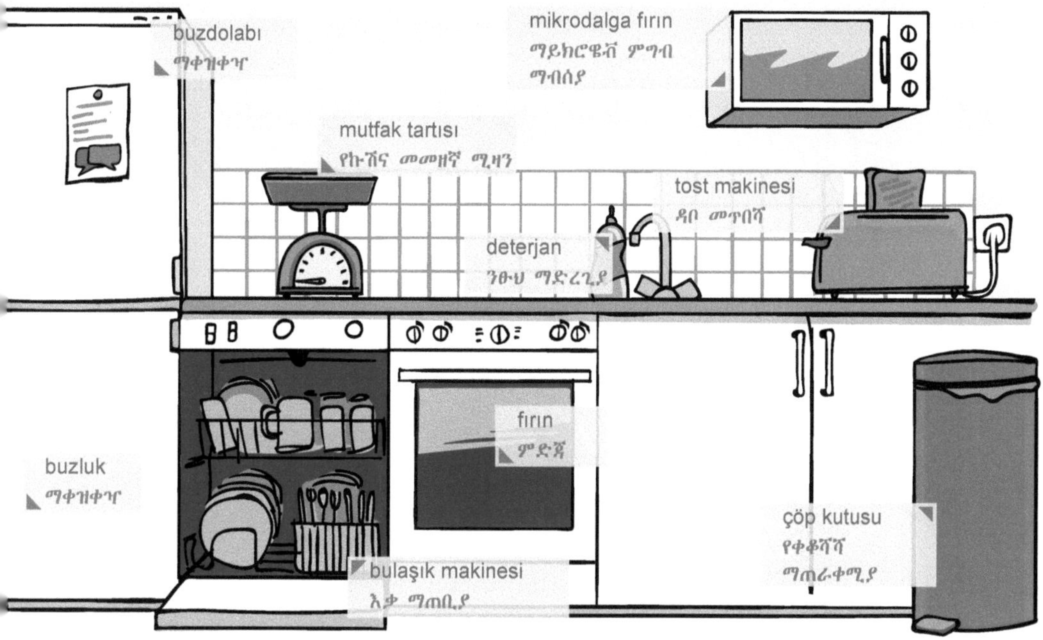

ocak

ምግብ አብሳይ

tencere

ማሰሮ

döküm tencere

የብረት ማሰሮ

wok

ምግብ ማብሰያ ዝርግ ድስት

tava

የምግብ መጥበሻ

su ısıtıcı

ማንቆርቆሪያ

buharlı pişirici

የእንፋሎት ማብሰያ

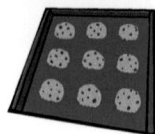

pişirme tepsisi

የመጋገሪያ ትሪ

tabak takımı

ሰብስቦች

kupa

ትልቅ ኩባያ

kase

ጎድጓዳ ሳህን

çubuk (çin yemeği)

ቾፕስቲክስ

kepçe

ጭልፋ

spatula

መሰቅሰቂያ ዝርግ ማንኪያ

çırpma teli

ማደባለቂያ

süzgeç

መወጠሪያ

elek

ወንፊት

rende

መፈርፈሪያ መሳሪያ

havan

ሲሚንቶ

barbekü

የፍም ጥብስ

açık ateş

የተለቀቀ እሳት

36 mutfak - ማድቤት

kesme tahtası

መክተፊያ

merdane

ተንሸራታች መርፌ

tirbüşon

የጠርሙስ መክፈቻ

konserve kutusu

ጣሳ

konserve açacağı

የጣሳ መክፈቻ

fırın eldiveni

የማሰሮ መሸፈኛ

evye

ሳህን ማጠቢያ

fırça

ብሩሽ

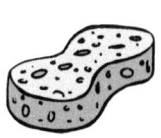

sünger

ስፖንጅ

blender

መደባለቂያ መሳሪያ

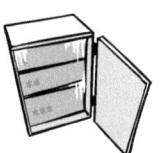

derin dondurucu

በጣም ማቀዝቀዣ

biberon

ጡጦ

musluk

ቧንቧ

banyo

መታጠቢያ ቤት

ısıtma
ማሞቂያ
duş
መታጠቢያ
havlu
ፎጣ
duş perdesi
የመታጠቢያ ቤት መጋረጃ
köpük banyosu
የአረፋ መታጠቢያ
küvet
የመታጠቢያ ገንዳ
bardak
ብርጭቆ
çamaşır makinesi
የልብስ ማጠቢያ
musluk
ቧንቧ
fayans
ማዕዘን ወለል
lazımlık
evye
ሳህን ማጠቢያ

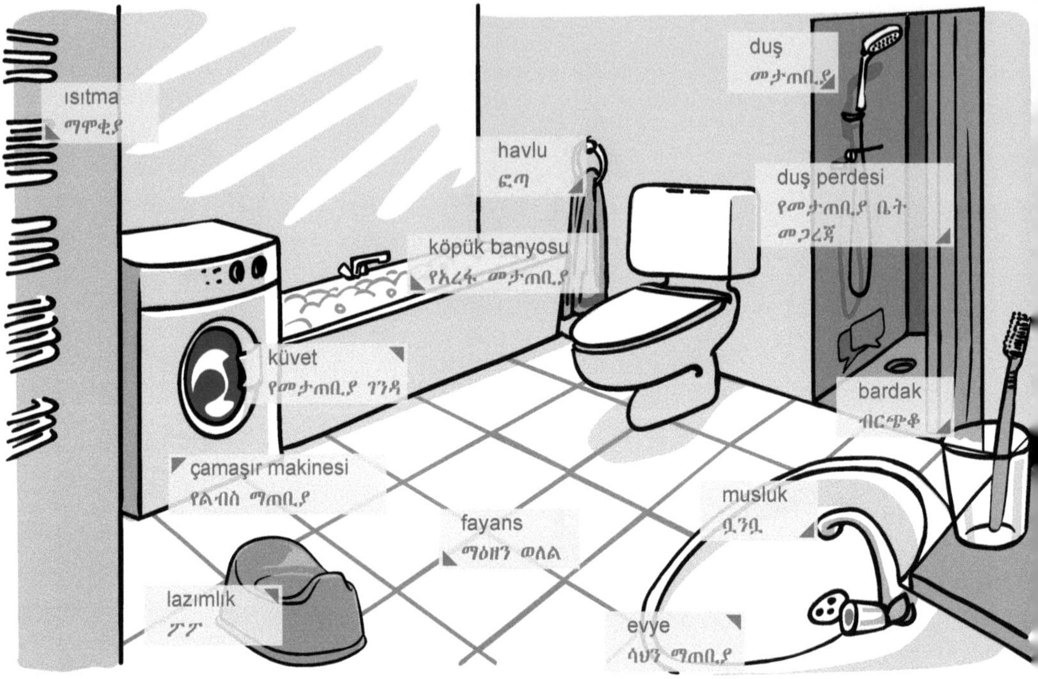

tuvalet

ሽንት ቤት

alaturka tuvalet

የሽንት ቤት መቀመጫ

bide

ሳፋ

pisuvar

የመንገድ ዳር መሽኛ

tuvalet kağıdı

የሽንት ቤት ወረቀት

tuvalet fırçası

የሽንት ቤት ማፅጃ ብሩሽ

38 banyo - መታጠቢያ ቤት

diş fırçası

የጥርስ ብሩሽ

diş macunu

የጥርስ ሳሙና

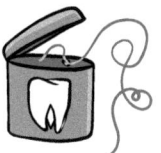

diş ipi

የጥርስ ማፅጃ ክር

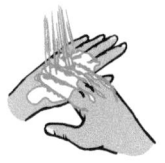

yıkamak

መታጠብ

duş başlığı

የእጅ መታጠቢያ

duş başlığı şeklinde taharet musluğu

መታጠቢያ

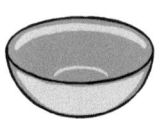

küvet

ጎድጓዳ ሳህን

banyo fırçası

የጀርባ ብሩሽ

sabun

ሳሙና

duş jeli

የመታጠቢያ የሚዝለገለግ ሳሙና

şampuan

የፀጉር መታጠቢያ ሳሙና

banyo lifi

ለስላሳ ጨርቅ

gider

ፍሳሽ

krem

ክሬም

deodorant

ጠረን መቀየሪያ ንጥረ ነገር

ayna

መስታወት

el aynası

የእጅ መስታወት

jilet

ምላጭ

tıraş köpüğü

የመላጫ አረፋ

tıraş losyonu

ከመላጨት በኋላ የሚቀባ ሽቱ

tarak

ማበጠሪያ

fırça

ብሩሽ

saç kurutma makinesi

የፀጉር ማድረቂያ

saç spreyi

በፀጉር ላይ የሚነፋ

makyaj

የፊት መቀባቢያ

ruj

የከንፈር ቀለም

tırnak cilası

የጥፍር ቀለም

pamuk

የጥጥ ሱፍ

tırnak makası

ጥፍር መቁረጫ

parfüm

ሽቶ

makyaj çantası

ማጠቢያ ባልዲ

tabure

መቀመጫ

tartı

ሚዛን

bornoz

የመታጠቢያ ልብስ

lastik eldiven

የላስቲክ ጓንት

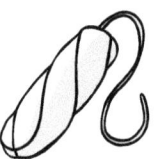

tampon

ሞዴስ

kadın pedi

የፅዳት ፎጣ

kimyevi tuvalet

የሽንት ቤት ኬሚካል

çocuk odası

የልጅ ክፍል

çalar saat
የማንቂያ ደዉል ሰዐት
peluş oyuncak
የህፃን አሻንጉሊት
oyuncak araba
የመጫወቻ መኪና
çıngırak
ማንገጫገጫ
መጫወቻ
bebek evi
የአሻንጉሊት ቤት
hediye
ስጦታ

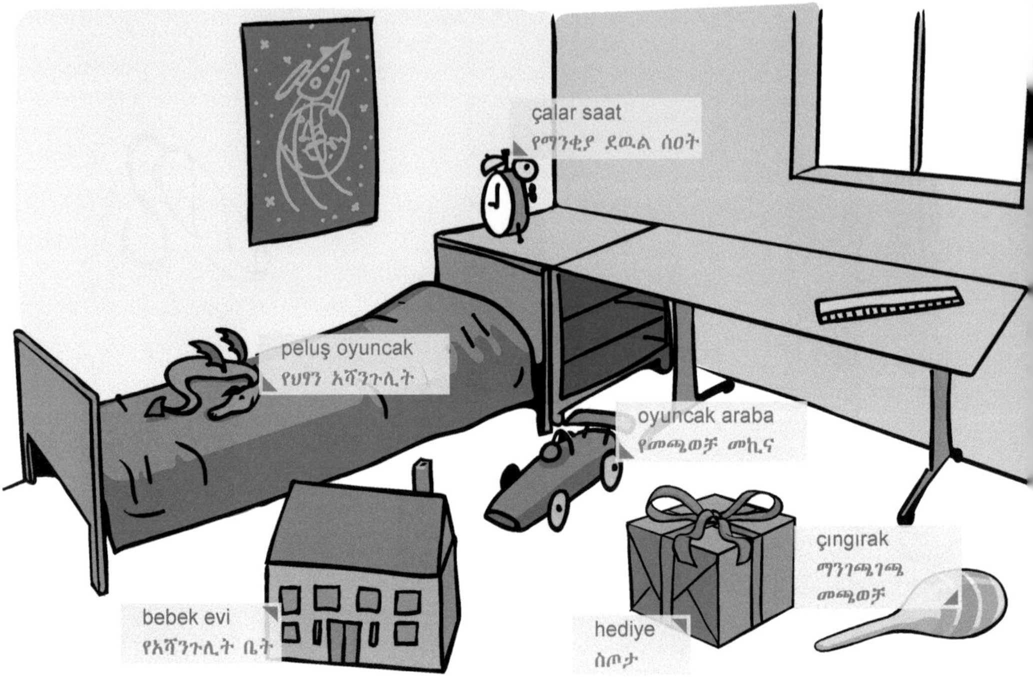

balon

ፊኛ

yatak

አልጋ

bebek arabası

የህፃን ማንሸራሸሪያ ጋሪ

kart destesi

የካርታ መጫወቻ

yapboz

ቁርጥራጭ ምስሎችን የማገጣጠም
እና ምስል የማግኘት ጨዋታ

çizgi roman

አዝናኝ

lego tuğlaları

ተገጣጣሚ መጫወቻ

lego blokları

የመጫወቻ መገጣጠሚያዎች

aksiyon figürü

የድርጊት ምስል

zıbın

የህፃን እድገት

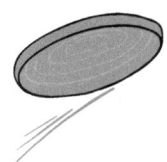

frizbi

የፕላስቲክ መጫወቻ ዝርግ ሰሀን

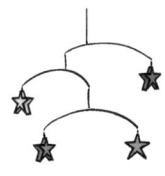

dönence

ተወዛዋዥ የህፃን ማጫወቻ

masa oyunu

የሰሌዳ ጨዋታ

zar

የመጫወቻ ጠጠር

model tren seti

የመጫወቻ ባቡር

emzik

የእንጀራ እናት ጡጦ

parti

ድግስ

resimli kitap

የስዕል መፅሀፍ

top

ኳስ

oyuncak bebek

አሻንጉሊት

oynamak

መጫወት

kum havuzu

አሸዋ መጫወቻ

salıncak

ዥዋዥዌ

oyuncaklar

መጫወቻዎች

video oyun konsolu

ቪዲዮ መጫወቻ

üç tekerlekli bisiklet

ባለ ሶስት ጎማ ብስክሌት

oyuncak ayı

አሻንጉሊት ድብ

gardırop

ቁምሳጥን

kıyafet

አልባሳት

çorap

ካልሲዎች

külotlu çorap

ስቶኪንጎች

tayt

ታይት

eşarp
አንንት ልብ

şemsiye
ጸንጥላ

tişört
ከናቴራ

kemer
ቀበቶ

bot
ቦቲ

terlik
ቤት ዉ ጥ ነጠላ
ጫማ

spor ayakkabı
ጊከሮች

sandalet

ነጠላ ጫማዎች

ayakkabı

ጫማዎች

lastik çizme

ዝናብ ቡት

külot

ሙታንታ

sütyen

ጡት መያዣ

yelek

ሰደርያ

kıyafet - አልባሳት   45

dar bluz

ሰዉነት

pantolon

ሱሪዎች

kot pantolon

ጅንስ

etek

ጉርድ ቀሚስ

bluz

ሸሚዝ

gömlek

ሸሚዝ

kazak

የሚጠለቅ ሹራብ

süveter

ሹራብ

blazer

ዩኒፎርም ጃኬት

ceket

ጃኬት

mont

ኮት

yağmurluk

የዝናብ ኮት

kostüm

ልብስ

elbise

ቀሚስ

gelinlik

የሙሽራ ቀሚስ

takım elbise

ሱፍ

gecelik

የለሊት ልብስ

pijama

የለሊት ልብስ

sari

ረጅም ቀሚስ

baş örtüsü

ሂጃብ

türban

ጥምጣም

burka

ቡርቃ

kaftan

ሽርጥ

çarşaf

አባያ

mayo

የዋና ልብስ

erkek mayosu

አጭር ቁምጣ

şort

ቁምጣዎች

eşofman

የስራ ቱታ

önlük

ሽርጥ

eldiven

ጓንት

düğme

ቁልፍ

gözlük

መነፅር

bilezik

አምባር

kolye

የአንገት ሀብል

yüzük

ቀለበት

küpe

የጆሮ ጌጥ

kep

ኮፍያ

portmanto

የኮት መስቀያ

şapka

ኮፍያ

kravat

ከረቫት

fermuar

ዚፕ

kask

የብረት ቆብ

pantolon askısı

መደገፊያ

okul forması

የትምህርት ቤት የደንብ ልብስ

üniforma

የደንብ ልብስ

mama önlüğü

መሃረብ

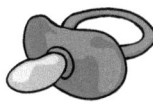

emzik

የእንጀራ እናት ጡጦ

bebek bezi

ሽንት ጨርቅ

ofis

ቢሮ

sunucu
ማስራጫ ጣቢያ
dosya dolabı
የፋይል መደርደሪያ ካቢኔ
yazıcı
የህትመት መሳሪያ
kağıt
ወረቀት
monitör
መቆጣጠሪያ
fare
ማዉዝ
masa
መፃፊያ ጠረጴዛ
klasör
ማህደር
klavye
kağıt çöp kutusu
የቆሻሻ ወረቀት መጣያ ቅርጫት
bilgisayar
ኮምፒዉተር
sandalye
ወንበር

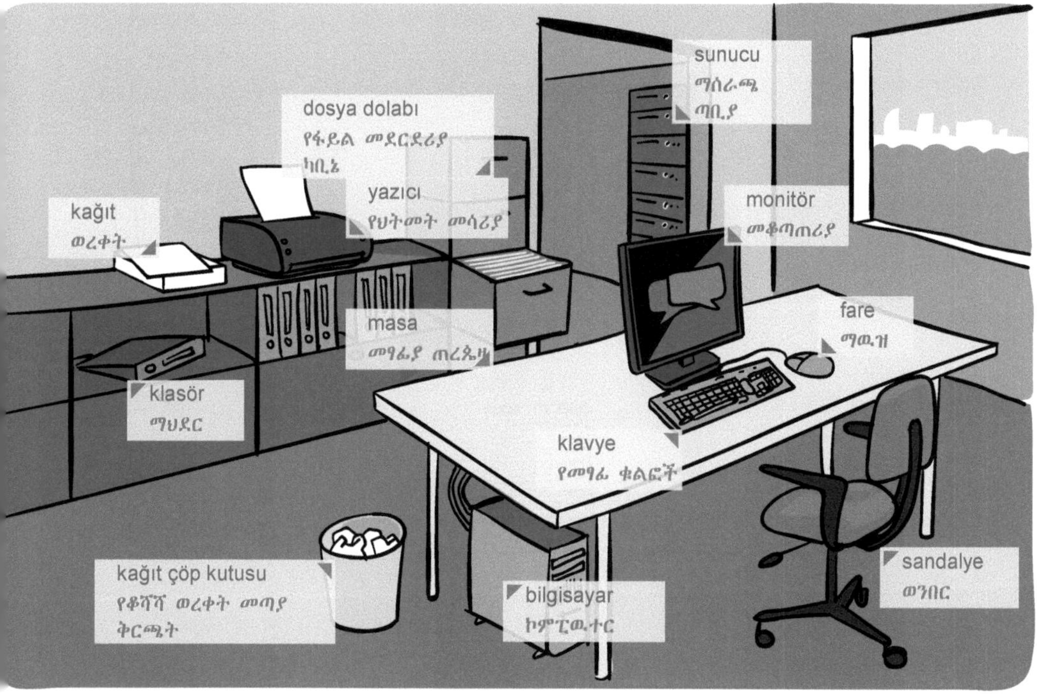

kahve fincanı

የቡና መጠጫ ትልቅ ኩባያ

hesap makinesi

ማስልያ ማሽን

internet

ኢንተርኔት

dizüstü

ላፕቶፕ

mektup

ደብዳቤ

mesaj

መልዕክት

cep telefonu

ተንቀሳቃሽ ስልክ

ağ

የግንኙነት አዉታር

fotokopi makinesi

ማባዣ ማሽን

yazılım

ሶፍትዌር

telefon

ስልክ

priz

የግድግዳ ሶኬት

faks makinesi

የፋክስ ማሽን

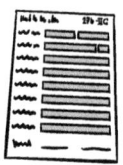

form

ቅፅ

belge

ሰነድ

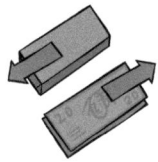

satın almak

መግዛት

ödemek

መክፈል

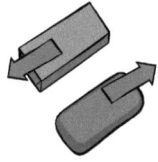

ticaret yapmak

መነገድ

para

ገንዘብ

dolar

ዶላር

avro

ዩሮ

yen

የን

ruble

ሩብል

İsviçre frangı

የስዊዝ ፍራንክ

Çin yuanı

ሬንሚንቢ ዩዋን

rupi

ሩጲ

kasa

የገንዘብ ነጥብ

döviz bürosu

የዉጭ ገንዘብ ምንዛሪ ቢሮ

altın

ወርቅ

gümüş

ብር

petrol

ዘይት

enerji

ሀይል፤ ጉልበት

fiyat

ዋጋ

kontrat

ግንኙነት

vergi

ቀረጥ

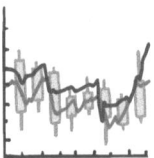

menkul değer

አክስዮን

çalışmak

መስራት

işveren

ተቀጣሪ

işçi

ቀጣሪ

fabrika

ፋብሪካ

mağaza

ሱቅ

polis memuru
የፖሊስ አዛዥ
itfaiyeci
የእሳት አደጋ ሰራተኛ
aşçı
ምግብ አብሳይ
doktor
ዶክተር
pilot
አብራሪ

bahçıvan

አትክልተኛ

marangoz

አናጢ

terzi

ልብስ ሰፊ ሴት

hakim

ዳኛ

kimyager

ቀማሚ

aktör

ተዋናይ

otobüs şoförü

የአዉቶቢስ ሹፌር

taksi şoförü

የታክሲ ሹፌር

balıkçı

አሳ አጥማጅ

temizlikçi

ፅዳት ሰራተኛ

çatı ustası

የጣራ ሰራተኛ

garson

አስተናጋጅ

avcı

አዳኝ

boyacı

ሰዓሊ

fırıncı

ጋጋሪ

elektrikçi

የኤሌትሪክ ሰራተኛ

inşaatçı

ገምቢ

mühendis

መሃሃዲስ

kasap

ልኳንዳ

muslukçu

የቧንቧ ሰራተኛ

postacı

የፖስታ ሰራተኛ

asker

ወታደር

mimar

መሃንዲስ

kasiyer

የሒሳብ ሰራተኛ

çiçekçi

አበባ ሻጭ

kuaför

የፀጉር ሰራተኛ

kondüktör

ቲኬት ቆራጭ

tamirci

መካኒክ

kaptan

ካፒቴን

dişçi

የጥርስ ሐኪም

bilim insanı

ተመራማሪ

haham

መምህር

imam

የሙስሊም ሃይማኖታዊ መሪ

keşiş

መነኩሴ

rahip

ካህን

aletler

መሳሪያዎች

penseler
ተቆላፊ ጉጠት
çekiç
መዶሻ
tornavida
መፍቻ
İngiliz anahtarı
የመሳሪ መፍቻ
el feneri
ባትሪ

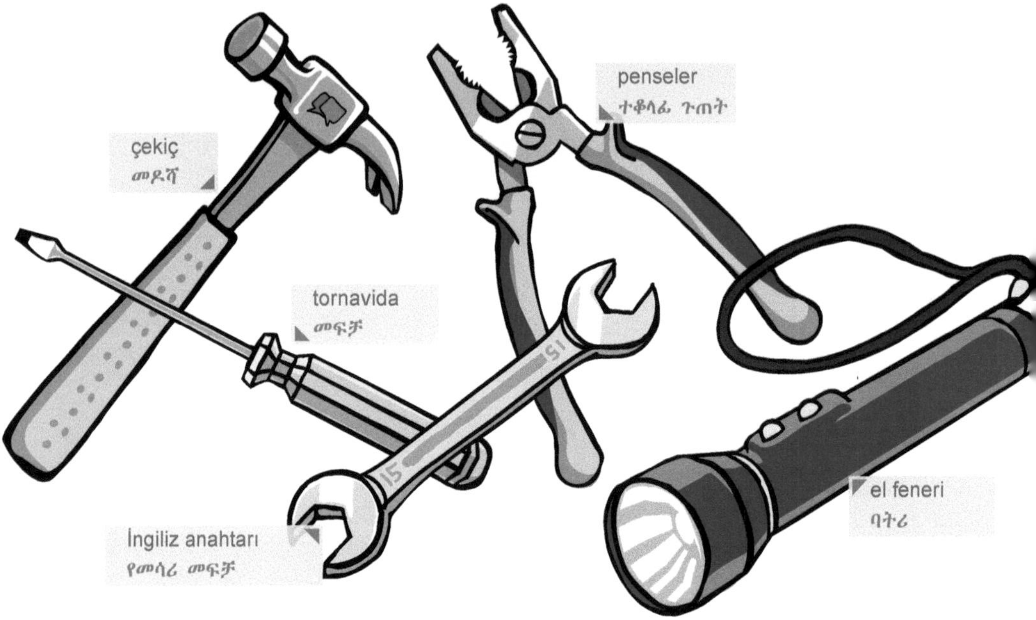

kazı makinesi

በቁፋሮ የሚዝቅ

alet çantası

የመፍቻ ሳጥን

merdiven

መሰላል

testere

መጋዝ

çiviler

ምስማር

matkap

መሰርሰሪያ

tamir etmek

መጠገን

kürek

አካፋ

Kahretsin!

የተረገመ!

faraş

ቆሻሻ ማፈሻ

boya tenekesi

የቀለም ቆርቆሮ

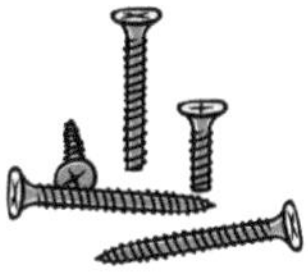

vidalar

ብሎን

müzik enstrümanı

የሙዚቃ መሳሪያዎች

hoparlör
የድምፅ ማጉያ መሳርያ
bateri seti
የከበሮ መሳሪያዎች
gitar
ክራር መሰል የሙዚቃ መሳሪያ
kontrbas
ድርብ ቤዝ ጊታር
trompet
የትንፋሽ ሙዚቃ መሳሪያ

piyano

ፒያኖ

keman

ቫዮሊን

basgitar

ወፍራም፤ ጎርናና ድምፅ ያለዉ
ክራር መሰል ሙዚቃ መሳሪያ

timpani

ነጋሪት

bateri

ከበሮ

klavye

በኤሌክትሪክ የሚሰራ ፒኖ

saksafon

የትንፋሽ ሙዚቃ መሳሪያ

flüt

ዋሽንት

mikrofon

የድምፅ ማጉያ

hayvanat bahçesi

የደር እንስሳት ማቆያ

kaplan
ነብር
giriş
መግቢያ
kafes
ሳጥን
zebra
የሜዳ አህያ
hayvan yemi
የእንስሳ ምግብ
panda
ትልቅ ድብ

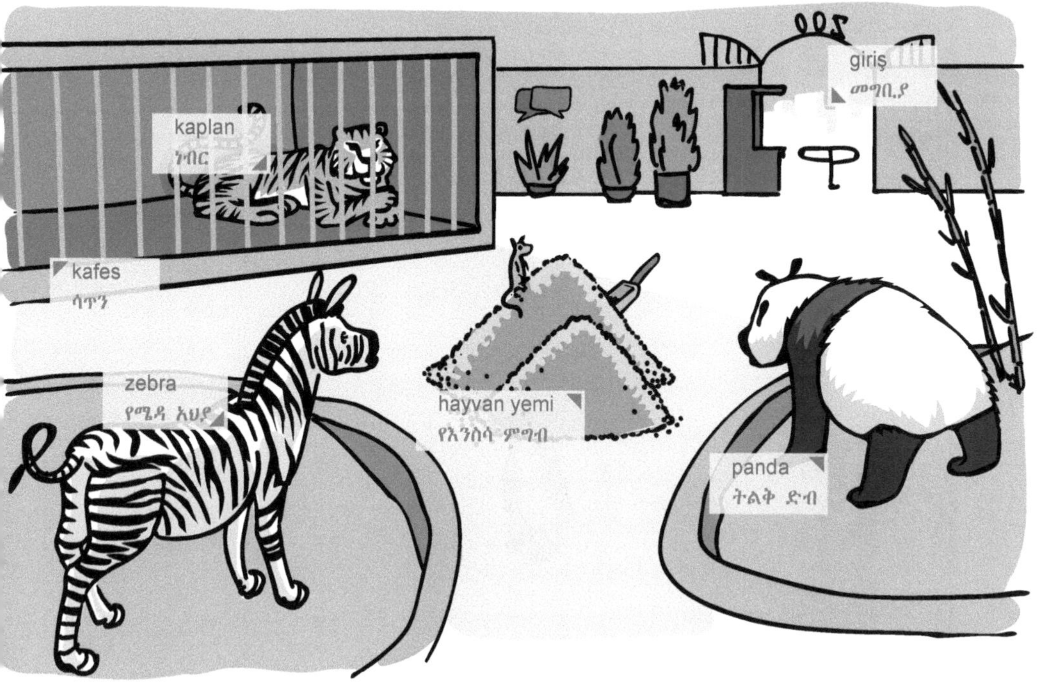

hayvanlar

እንስሳቶች

fil

ዝሆን

kanguru

ካንጋሮ

gergedan

አውራሪስ

goril

ትልቅ ዝንጀሮ

ayı

ድብ

deve

ግመል

deve kuşu

ሰጎን

aslan

አንበሳ

maymun

ጦጣ

flamingo

ቅልጥመ ረዥም ወፍ

papağan

በቀቀን

kutup ayısı

የወዋልታ ድብ

penguen

የዋልታ ወፎች

köpek balığı

ረጅም ጥርሶች ያሉትአሳ ነባሪ

tavus kuşu

ጣዎስ

yılan

እባብ

timsah

አዞ

hayvanat bahçesi görevlisi

የዱር አራዊት የሚጠበቁበት ማቆያን የሚጠብቅ

fok

አሳ በሊታ የባህር እንስሳ

jaguar

የዱር ድመት

midilli atı

ድንክ ፈረስ

leopar

ነብር

su aygırı

ጉማሬ

zürafa

ቀጭኔ

kartal

ንስር

yaban domuzu

ከርከሮ

balık

አሳ

kaplumbağa

የባህር ኤሊ

mors

የባህር አውሬ

tilki

ቀበሮ

ceylan

የሜዳ ፍየል፤ ሚዳቋ

sporlar

የስፖርት አይነቶች

amerikan futbolu
የአሜሪካ እግርኳስ
bisiklete binme
የብስክሌት ስፖርት
tenis
ቴኒስ
basketbol
የቅርጫት ኳስ
yüzme
ዋና
boks
የቡጢ ስፖርት
buz hokeyi
የበረዶ ላይ የገና ጨዋታ

futbol

እግር ኳስ

badminton

የላበ ኳስ ጨዋታ

atletizm

አትሌቲክስ

hentbol

የእጅ ኳስ ስፖርት

kayak

የበረዶ መንሸራተት ስፖርት

polo

ፈረስ ግልቢያ

etkinlikler

እንቅስቃሴዎች

gülmek
መሳቅ
atlamak
መዝለል
sarılmak
ማቀፍ
yürümek
መራመድ
söylemek
መዘመር
hayal etmek
ህልም ማለም
dua etmek
መፀለይ
öpmek
መሳም

yazmak

መፃፍ

çizmek

መሳል

göstermek

ማሳየት

itmek

መግፋት

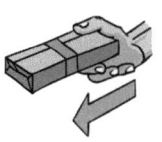

vermek

መስጠት

almak

መዉሰድ

sahip olmak

....

መያዝ

yapmak

....

ማድረግ

olmak

....

መሆን

ayakta durmak

....

መቆም

koşmak

....

መሮጥ

çekmek

....

መሳብ

atmak

....

መወርወር

düşmek

....

መዉደቅ

yalan söylemek

....

መዋሸት

beklemek

....

መጠበቅ

taşımak

....

መሸከም

oturmak

....

መቀመጥ

giyinmek

....

መልበስ

uyumak

....

መተኛት

uyanmak

....

መንቃት

bakmak

መመልከት

ağlamak

ማለልቀስ

vurmak

መጫር

taramak

ማበጠር

konuşmak

ማዉራት

anlamak

መረዳት

sormak

ጥያቄ

dinlemek

ማዳመጥ

içmek

መጠጣት

yemek

መብላት

düzenlemek

ማንፃት

sevmek

ማፍቀር

pişirmek

ምግብ ማብሰል

sürmek

መንዳት

uçmak

መብረር

denize açılmak

መርከብ መንዳት

hesapla

ቁጥሮችን ማስላት

okumak

ማንበብ

öğrenmek

መማር

çalışmak

መስራት

evlenmek

ማግባት

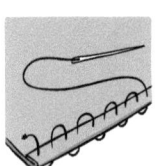

dikmek

መስፋት

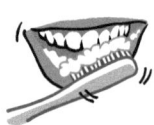

diş fırçalamak

ጥርስ መቦረሽ

öldürmek

መግደል

sigara içmek

ማጨስ

yollamak

መላክ

aile
ቤተሰብ

büyükanne
የሴት አያት
büyükbaba
የወንድ አያት
baba
አባት
anne
እናት
bebek
ህፃን
kız
ሴት ልጅ
oğul
ወንድ ልጅ

misafir

እንግዳ

teyze

አክስት

amca

አጎት

erkek kardeş

ወንድም

kız kardeş

እህት

vücut

አካል

alın
ግንባር
göz
አይን
omuz
ትከሻ
parmak
ጣት
yüz
ፊት
çene
አገጭ
el
እጅ
bacak
እግር
göğüs
ጡት
kol
ክንድ

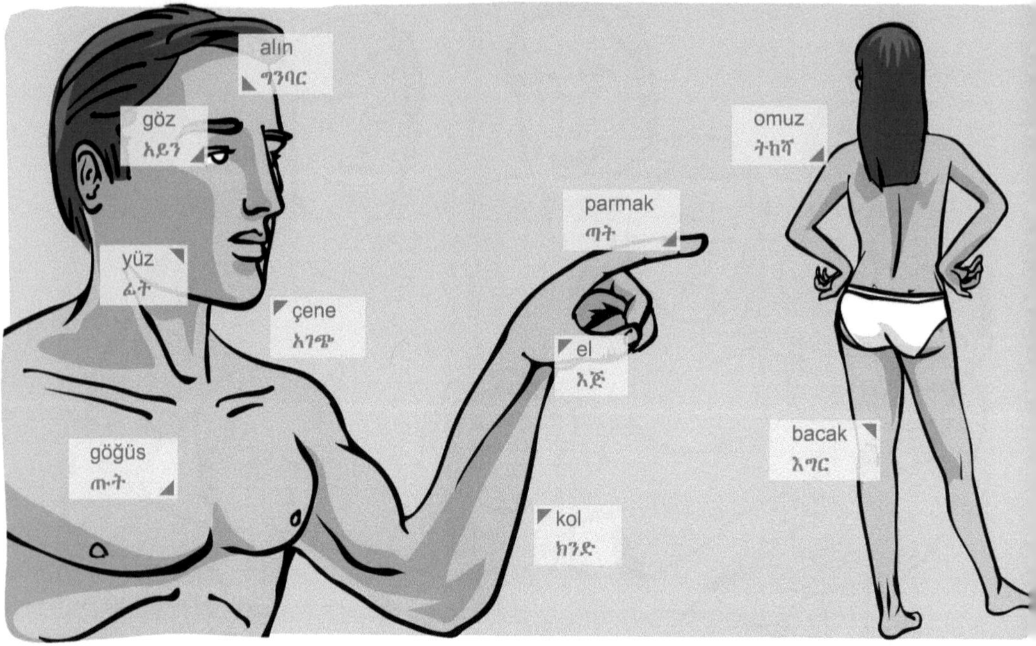

bebek
ህፃን

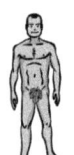

adam
ሰዉ

kadın
ሴት

kız
ልጃገረድ

erkek çocuk
ወንድ ልጅ

baş
ራስ

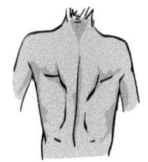

sırt

ጀርባ

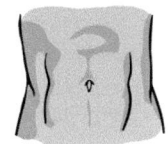

karın

ሆድ

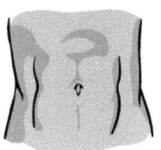

göbek

እምብርት

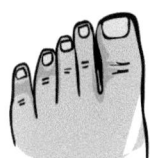

ayak parmağı

የእግር ጣት

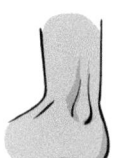

topuk

ተረከዝ

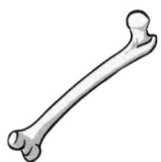

kemik

አጥንት

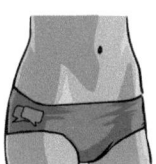

kalça

ዳሌ

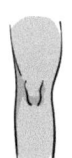

diz

ጉልበት

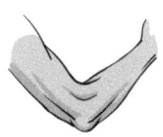

dirsek

ክርን

burun

አፍንጫ

kalça

ቂጥ

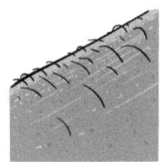

deri

ቆዳ

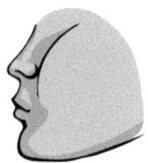

yanak

ጉንጭ

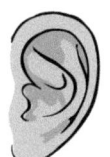

kulak

ጆሮ

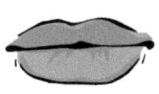

dudak

ከንፈር

ağız

አፍ

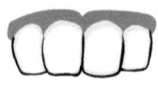

diş

ጥርስ

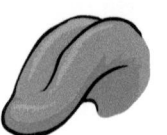

dil

ምላስ

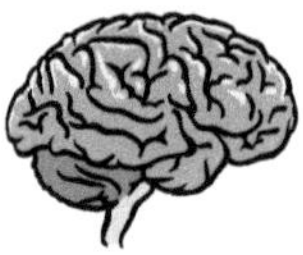

beyin

አንጎል

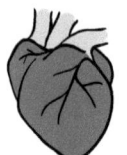

kalp

ልብ

kas

ጡንቻ

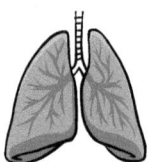

akciğer

ሳምባ

karaciğer

ጉበት

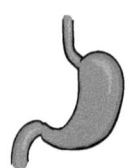

mide

ሆድ

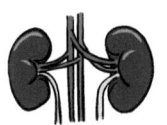

böbrekler

ኩላሊቶች

seks

የግብረስጋ ግንኙነት

prezervatif

ኮንዶም

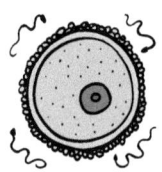

yumurtalık

የሴት እንቁላል

sperm

የዘር ፈሳሽ

hamilelik

እርግዝና

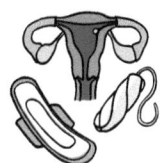

regl

የወር አበባ

vajina

እምስ

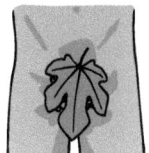

penis

ቁላ

kaş

ቅንድብ

saç

ፀጉር

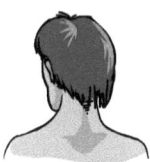

boyun

አንገት

hastane

ሆስፒታል

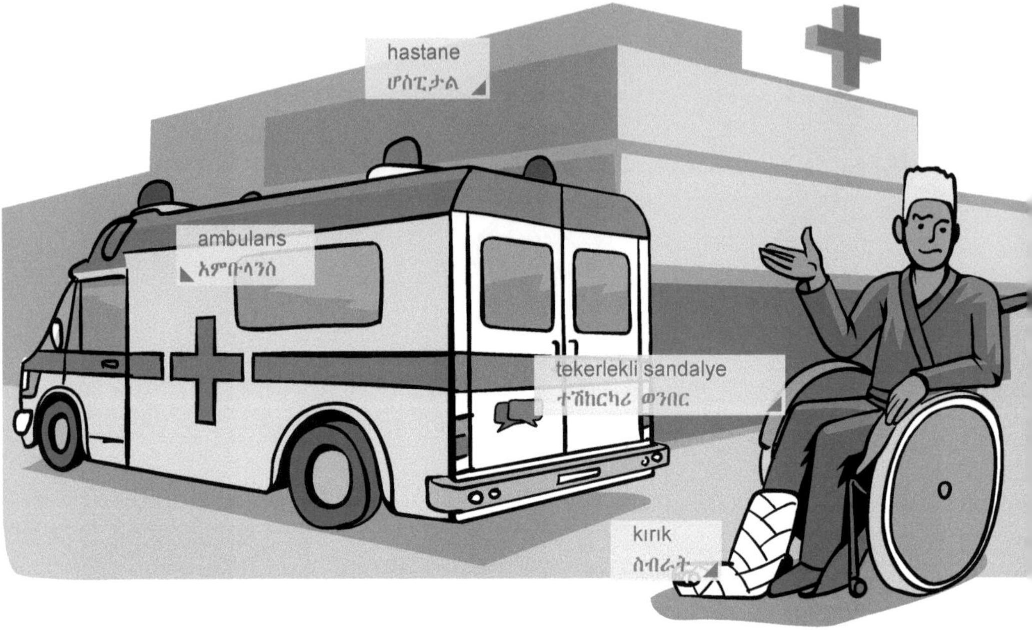

hastane
ሆስፒታል
ambulans
አምቡላንስ
tekerlekli sandalye
ተሽከርካሪ ወንበር
kırık
ስብራት

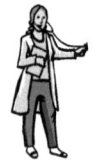

doktor

ዶክተር

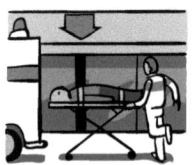

acil servis

ድንገተኛ ክፍል

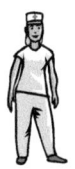

hemşire

ነርስ

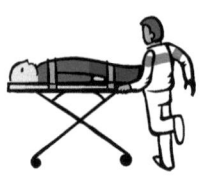

acil

ድንገተኛ

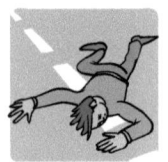

baygın

ራስን መሳት/ አለማወቅ

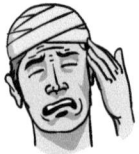

acı

ህመም

yaralanma

ጉዳት

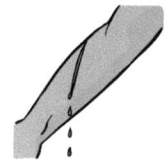

kanama

መድማት

kalp krizi

የልብ ድካም

felç

ስትሮክ

alerji

አለርጂ

öksürük

ሳል

ateş

ትኩሳት

grip

ኢንፍሎዌንዛ

ishal

ተቅማጥ

baş ağrısı

የራስ ምታት

kanser

ካንሰር

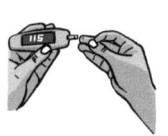

şeker hastalığı

የስኳር በሽታ

cerrah

ቀዶ ጠጋኝ ሐኪም

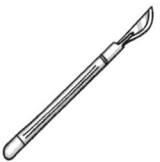

neşter

የቀዶ ጥገና ስለት

operasyon

ቀዶ ጥገና

bilgisayarlı tomografi

ሲቲ

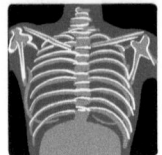

röntgen

ኤክስሬዮ

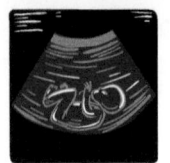

ultrason

አልትራሳዉንድ

yüz maskesi

የፊት ጭምብል

hastalık

በሽታ

bekleme odası

መጠበቂያ ክፍል

koltuk değneği

ምርኩዝ

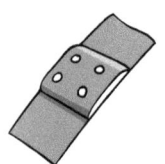

yara bandı

የቁስል ማሸጊያ

bandaj

ፋሻ

enjeksiyon

መርፌ

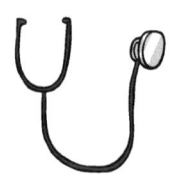

steteskop

የልብ ምት ማዳመጫ መሳሪያ

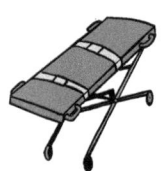

sedye

የበሽተኛ አልጋ

tıbbi termometre

የህክምና ሙቀት መለኪያ መሳሪያ

doğum

መውለድ

fazla kilo

ከልክ ያለፈ ክብደት

işitme cihazı

ለመስማት የሚረዳ መሳሪያ

dezenfektan

ፀረ ተባይ መድሀኒት

enfeksiyon

ማመርቀዝ

virüs

ቫይረስ

HIV / AIDS

ኤች አይቪ ኤድስ

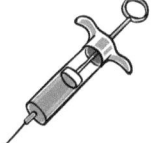

ilaç

ህክምና

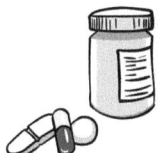

aşı

ክትባት

tablet

ኪኒን

hap

ኪኒን

acil çağrı

አስቸኳይ የስልክ ጥሪ

tansiyon aleti

ደም ግፊት መቆጣጠሪያ

hasta / sağlıklı

ህመም/ ጤንነት

acil

ድንገተኛ

İmdat!

እርዳታ!

alarm

ማንቂያ ደዉል

darp

ጥቃት

saldırı

ድብደባ

tehlike

አደጋ

acil çıkış

የድንገተኛ መዉጫ

Yangın!

እሳት!

yangın tüpü

እሳት ማጥፊያ

kaza

አደጋ

ilk yardım çantası

የመጀመሪያ እርዳታ መድሃኒት መያዣ

imdat

ነፍስ አድን

polis

ፖሊስ

dünya

ምድር

Avrupa

አዉሮፓ

Kuzey Amerika

ሰሜን አሜሪካ

Güney amerika

ደቡብ አሜሪካ

Afrika

አፍሪካ

Asya

እስያ

Avustralya

አዉስትራሊያ

Atlantik

አትላንቲክ

Pasifik

ፓስፊክ

Hint Okyanusu

የህንድ ዉቅያኖስ

Antarktika Okyanusu

አንታርክቲክ ዉቅያኖስ

Arktik Okyanusu

አርክቲክ ዉቅያኖስ

Kuzey Kutbu

ሰሜን ዋልታ

Güney Kutbu

ደቡብ ዋልታ

Antarktika

አንታርክቲካ

dünya

ምድር

kara

መሬት

deniz

ባህር

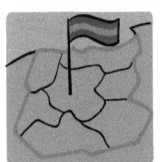

ada

ደሴት

ulus

አገርና ህዝብ

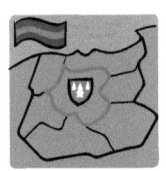

ülke

መንግስት

kadran

የሰዓት ገፅታ

akrep

ሰዓት

yelkovan

ደቂቃ

saniye ibresi

ሴኮንድ

Saat kaç?

ስንት ሰዓት ነው?

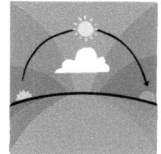

gün

ቀን

zaman

ጊዜ

şimdi

አሁን

dijital saat

የቁጥር ሰዐት

dakika

ደቂቃ

saat

ሰዓታት

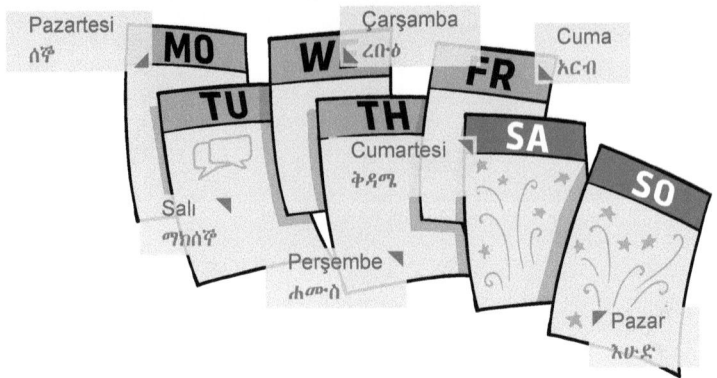

hafta

ሳምንት

MO
TU
W
TH
FR
SA
Pazartesi
ሰኞ
Salı
ማክሰኞ
Çarşamba
ረቡዕ
Perşembe
ሐሙስ
Cuma
Cumartesi
ቅዳሜ
Pazar
እሁድ

1

dün

ትላንት

2

bugün

ዛሬ

3

yarın

ነገ

sabah

ማለዳ

öğle

ቀትር

akşam

ምሽት

MO TU WE TH FR SA SU
1 2 3 4 5 6 7
8 9 10 11 12 13 14
15 16 17 18 19 20 21
22 23 24 25 26 27 28
29 30 31 1 2 3 4

iş günleri

የስራ ቀናት

MO TU WE TH FR SA SU
1 2 3 4 5 6 7
8 9 10 11 12 13 14
15 16 17 18 19 20 21
22 23 24 25 26 27 28
29 30 31 1 2 3 4

hafta sonu

የዕረፍት ቀናት

yağmur
ዝናብ

gökkuşağı
ቀስተ ደመና

kara
ጥጥ የሚመስል አመዳይ
በረዶ

r...
ነፋስ

bahar
ፀደይ

yaz
በጋ

sonbahar
መኸር

kış
ክረምት

4.APRIL	11°	☀
5.APRIL	4°	☁
6.APRIL	13°	☂
7.APRIL	8°	☀
8.APRIL	10°	☀

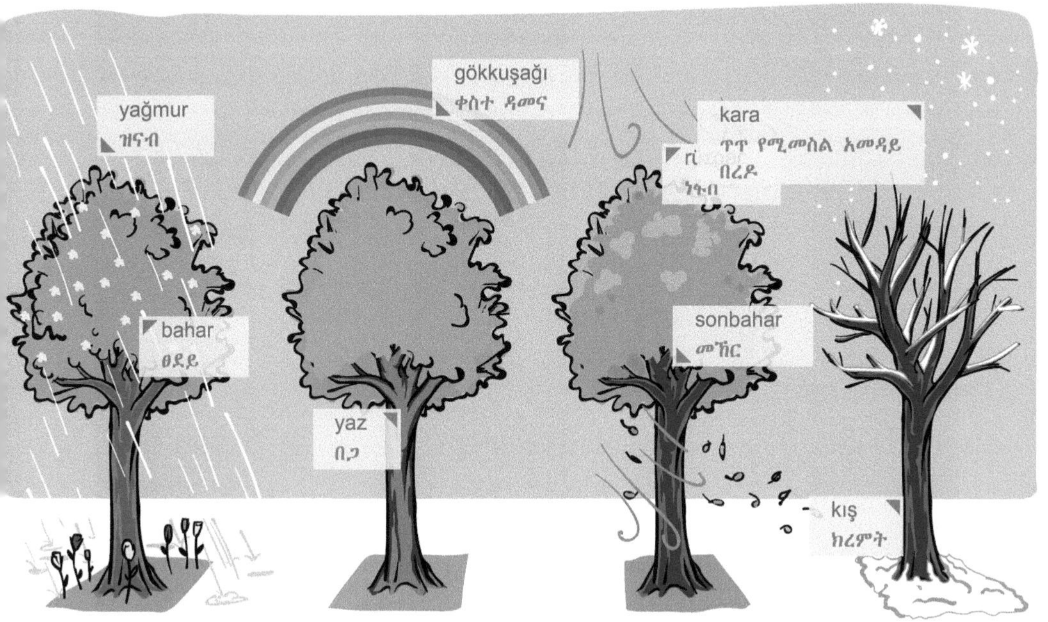

hava durumu tahmini

የአየር ሁኔታ ትንበያ

termometre

የሙቀት መለኪያ

güneş ışığı

የፀሀይ ሙቀት

bulut

ደመና

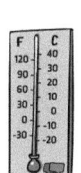

sis

ጭጋግ

nem

እርጥበታማነት

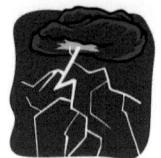

şimşek

መብረቅ

gök gürültüsü

ነጎድጓድ

fırtına

አዉሎ ንፋስ

dolu

የበረዶ ዝናብ

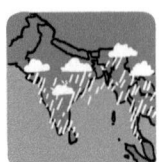

muson

አዉሎ ንፋስ

sel

ጎርፍ

buz

በረዶ

Ocak

ጥር

Şubat

የካቲት

Mart

መጋቢት

Nisan

ሚያዚያ

Mayıs

ግንቦት

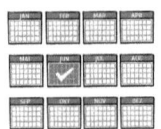

Haziran

ሰኔ

Temmuz

ሐምሌ

Ağustos

ነሀሴ

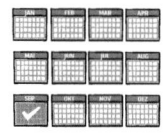

Eylül

መስከረም

Ekim

ጥቅምት

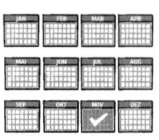

Kasım

ህዳር

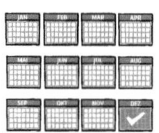

Aralık

ታህሳስ

şekiller

ቅርፆች

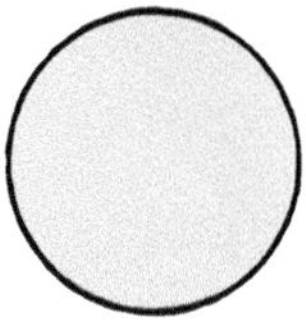

daire

ክብ

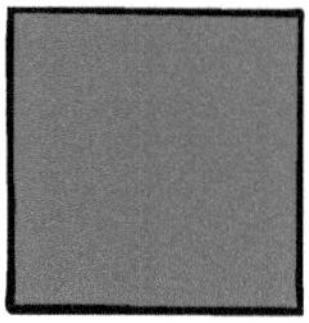

kare

አራት ማዕዘን

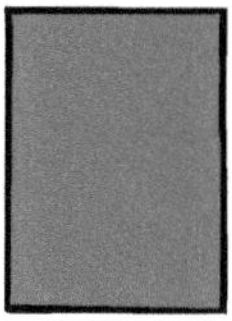

dikdörtgen

አራት ቀጥተኛ ማዕዘኖች ጎኖች ያሉት ቅርፅ

üçgen

ሶስት ማዕዘን

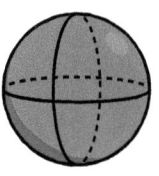

küre

ሉል

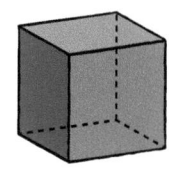

küp

ስድስት ጎን ያለዉ ቅርፅ

renkler

ቀለማት

beyaz

ነጭ

sarı

ቢጫ

turuncu

ብርቱካናማ

pembe

ሮዝ

kırmızı

ቀይ

mor

ወይን ጠጅ

mavi

ሰማያዊ

yeşil

አረንጓዴ

kahverengi

ቡኒ

gri

ግራጫ

siyah

ጥቁር

zıt anlamlılar

ተቃራኒዎች

çok / az
....
ብዙ/ ጥቂት

kızgın / sakin
....
ንዴት/ እርጋታ

güzel / çirkin
....
ቆንጆ/ አስቀያሚ

başlangıç / son
....
ጅማሬ/ ፍፃሜ

büyük / küçük
....
ትልቅ/ ትንሽ

parlak / karanlık
....
ደማቅ/ ደብዛዛ

erkek kardeş / kız kardeş
....
ወንድም/ እህት

temiz / kirli
....
ንፁህ/ ቆሻሻ

tamam / eksik
....
የተሟላ/ ያልተሟላ

gün / gece
....
ቀን/ ምሽት

ölü / canlı
....
የሞተ/ ህያዉ

geniş / dar
....
ሰፊ/ ጠባብ

yenilebilir / yenilemez

....

የሚበላ/ የማይበላ

kötü / iyi

....

ክፉ/ ደግ

heyecanlı / sıkılmış

....

ደስተኛ/ ድብርተኛ

şişman / zayıf

....

ወፍራም/ ቀጭን

ilk / son

....

መጀመርያ/ መጨረሻ

dost / düşman

....

ጓደኛ/ ጠላት

dolu / boş

....

ሙሉ/ ጎዶሎ

sert / yumuşak

....

ጠንካራ/ ለስላሳ

ağır / hafif

....

ከባድ/ ቀላል

açlık / susuzluk

....

ረሃብ/ ጥማት

hasta / sağlıklı

....

ህመም/ ጤንነት

yasa dışı / yasal

....

ህገወጥ/ ህጋዊ

zeki / aptal

....

ጎበዝ/ ደደብ

sol / sağ

....

ግራ/ ቀኝ

yakın / uzak

....

ቅርብ/ ሩቅ

yeni / kullanılmış

....

አዲስ/ አሮጌ

hiçbir şey / bir şey

....

ምንም/ የሆነ ነገር

yaşlı / genç

....

ሽማግሌ/ ወጣት

açma / kapama

....

የበራ/ የጠፋ

açık / kapalı

....

ክፍት/ ዝግ

sessiz / gürültülü

....

ፀጥታ/ ጫጫታ

zengin / fakir

....

ሃብታም/ ደሃ

doğru / yanlış

....

ትክክለኛ/ የተሳሳተ

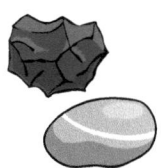

pürüzlü / düz

....

ሻካራ/ ለስላሳ

üzgün / mutlu

....

ሐዘን/ ደስታ

kısa / uzun

....

አጭር/ ረዥም

yavaş / hızlı

....

ዝግተኛ/ ፈጣን

ıslak / kuru

....

እርጥብ/ ደረቅ

sıcak / serin

....

ሞቃት/ ቀዝቃዛ

savaş / barış

....

ጦርነት/ ሰላም

sayılar
ቁጥሮች

0	**1**	**2**
sıfır	bir	iki
ዜሮ	አንድ	ሁለት

3	**4**	**5**
üç	dört	beş
ሶስት	አራት	አምስት

6	**7**	**8**
altı	yedi	sekiz
ስድስት	ሰባት	ስምንት

9	**10**	**11**
dokuz	on	on bir
ዘጠኝ	አስር	አስራ አንድ

12

on iki

አስራ ሁለት

13

on üç

አስራ ሶስት

14

on dört

አስራ አራት

15

on beş

አስራ አምስት

16

on altı

አስራ ስድስት

17

on yedi

አስራ ሰባት

18

on sekiz

አስራ ስስምንት

19

on dokuz

አስራ ዘጠኝ

20

yirmi

ሃያ

100

yüz

መቶ

1.000

bin

ሽህ

1.000.000

milyon

ሚሊዮን

diller

ቋንቋዎች

İngilizce

እንግሊዝኛ

Amerikan İngilizcesi

የአሜሪካ እንግሊዝኛ

Çince (Mandarin)

የቻይና ማንዳሪን

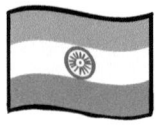

Hintçe

ሂንዱ

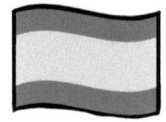

İspanyolca

ስፓኒሽ

Fransızca

ፍሬንች

Arapça

አረብኛ

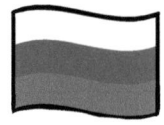

Rusça

ራሺያኛ

Portekizce

ፖርቹጊዝ

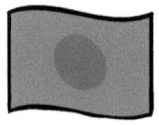

Bengalce

ቤንጋሊ

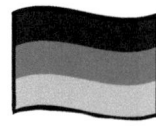

Almanca

ጀርመን

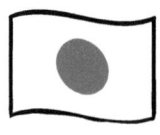

Japonca

ጃፓንኛ

kim / ne / nasıl

ማን/ ምን/ እንዴት

ben

እኔ

sen

አንተ

o

እሱ/ እርሷ/ እቃዉ

biz

እኛ

siz

አንተ

onlar

እነርሱ

kim?

ማን?

ne?

ምን?

nasıl?

እንዴት?

nerede?

የት?

ne zaman?

መቼ?

isim

ስም

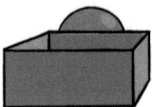

nerede

የት

arkasında

በስተጀርባ

içinde

ዉስጥ

önünde

ከፊት ለፊት

üzerinde

ከላይ

üstünde

ላይ

altında

ከስር

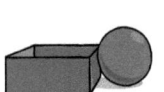

yanında

አጠገብ

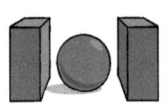

arasında

መሃከል

yer

ቦታ